EXPERIMENTA CON
EL AIRE

Escrito por Bryan Murphy

Consultora de ciencias: Dra. Christine Sutton
Departamento de Física Nuclear de la Universidad de Oxford

Consultora de educación: Ruth Bessant

CHANHASSEN, MINNESOTA • LONDRES

Publicado por Two-Can Publishing
18705 Lake Drive East,
Chanhassen, MN 55317
1-800-328-3895
www.two-canpublishing.com

© 2004 Two-Can Publishing
Texto © Bryan Murphy, 1991

Autor: Bryan Murphy
Ilustradora: Sally Kindberg
Diseñadora: Linda Blakemore
Consultora de ciencias: Dra. Christine Sutton
Consultora de educación: Ruth Bessant
Traductora: Susana Pasternac
Consultores de lenguaje: Alicia Fontán y Straight Line Editorial Development, Inc.

HC ISBN 1-58728-435-9
SC ISBN 1-58728-434-0

Todas las fotografías son copyright de © Fiona Pragoff, excepto las siguientes: tapa, Dorling Kindersley; pp. 10, 14 (arriba), 23 (abajo centro), 24 (arriba), 28 (abajo), ZEFA Picture Library (UK) Ltd.; pp. 8 (izquierda y centro), 9 (centro izquierda), 13 (derecha), 15 (abajo), 29 (abajo), NHPA; p. 8 (arriba derecha), Heather Angel/Biofotos; pp. 9 (arriba izquierda), 16, 18 (arriba), 29 (arriba), Oxford Scientific Films; pp. 13 (izquierda), 21, Quadrant Picture Library; p. 17 (arriba), Ann Ronan Picture Library; p. 18 (abajo), Science Photo Library.

1 2 3 4 5 6 09 08 07 06 05 04

Impreso en Hong Kong

CONTENIDO

¿QUÉ ES EL AIRE?

¿Has pensado alguna vez en el **aire**? No lo puedes ver ni oler. Sólo puedes sentirlo cuando se mueve rápidamente en forma de **viento**. Sin embargo, el aire está por todas partes.

¿Pesa algo el aire? Haz un experimento para averiguarlo. Infla dos globos y átalos a cada punta de una tablita. Cuelga la tablita del respaldo de una silla con una cuerda. Ahora tienes una balanza hecha con dos globos. Con cuidado haz un agujero con un alfiler, cerca del nudo de uno de los globos, para que el aire salga lentamente. Mira lo que ocurre con tu balanza.

¿Qué pesa más, un globo vacío o un globo lleno de aire? Puedes ver que el aire pesa algo. En realidad, el aire de una habitación mediana pesa más o menos tanto como tú.

▲ Aunque no lo creas, el aire hasta se puede *verter*. Llena con agua un tanque grande de vidrio. Atrapa algo de aire empujando un vaso boca abajo hasta el fondo del tanque. Con cuidado vierte el aire en otro vaso como se muestra aquí. Trata de hacerlo sin dejar escapar el aire.

▲ Cuando **inhalas**, llevas aire a tus pulmones. ¿Cuánto aire te parece que tus pulmones pueden contener? Para medir el aire, sopla por un tubo de plástico dentro de una jarra de medir colocada boca abajo en un tanque de agua. Te sorprenderá ver la cantidad de aire que haces entrar y salir de tus pulmones.

◀ Las velas necesitan aire para poder prenderse. Pide a un adulto que te encienda dos velas. Pon un frasco grande sobre una y uno pequeño sobre la otra. ¿Qué vela se apaga primero?

AIRE PESADO Y LIMONADA

La **atmósfera** es una pesada capa de aire alrededor de la Tierra. La presión hacia abajo de todo ese aire por cada yarda cuadrada (metro cuadrado) de la Tierra, es más o menos la misma que el peso de 400 niños. Sin embargo el aire no te aplasta porque la **presión** es igual en todos los lados. El aire alrededor nuestro sostiene el **peso** del aire de arriba.

Dile a un amigo que puedes aplastar una botella de plástico sin tocarla. Pide a un adulto que vierta una taza de agua bien caliente dentro de la botella. Cierra con fuerza la botella y sacúdela. Espera y verás lo que ocurre.

A baja temperatura, el aire tiene menos presión. A medida que el aire dentro de la botella se enfría, la presión disminuye. El aire no puede sostener las paredes de la botella.

▼ El aire exterior aplastará las paredes.

◀ Cada vez que bebes por una pajilla, chupas el aire que hay dentro de ella y dejas un espacio libre. El aire pesado del exterior empuja el líquido de la botella y lo obliga a subir por la pajilla para llenar el espacio libre.

▼ Prueba a sellar una pajilla en una botella con plastilina. ¿Qué ocurre? El aire pesado no puede entrar en la botella para empujar el líquido hacia arriba por la pajilla, y por lo tanto no puedes beber.

SEMILLAS VOLADORAS

Cuando una planta da semillas, necesita diseminarlas para que nazcan nuevas plantas. Hay muchos tipos de semillas y muchas maneras de esparcirlas.

▲ Algunas semillas tienen ganchitos que se pegan a la ropa de la gente o al pelaje de los animales. Finalmente las semillas acaban por caer, y nacen nuevas plantas.

◄ El aire también esparce las semillas. Algunas son tan pequeñas que el viento las puede llevar lejos. ¿Te das cuenta cómo?

El arce tiene semillas que parecen **hélices**. Cuando las semillas de un arce se desprenden de una rama, dan vueltas lentamente en el aire antes de llegar al suelo. Un buen viento podría llevarlas lejos. ¿Hay algún arce cerca de tu casa?

Fabrica tu propio **helicóptero** con un pedazo de papel. Recorta la forma que muestra la ilustración. Dobla las aletas de abajo hacia el centro y ponle un clip en esta parte para que haga peso. Lanza el helicóptero al aire. ¿Qué ocurre?

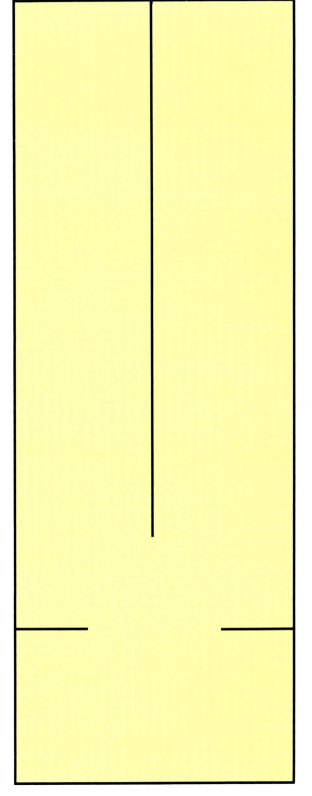

PARACAÍDAS

Cuando un paracaidista salta de un avión, el **paracaídas** disminuye la velocidad de la caída y él puede aterrizar a salvo en el suelo. A medida que el paracaídas baja, el aire lo empuja hacia arriba y evita que la **gravedad** lo atraiga con rapidez hacia el suelo.

Nunca saltes tú de una gran altura. Es muy peligroso.

Algunos pilotos de avión largan cajas de provisiones en zonas montañosas o en terrenos rocosos donde es difícil aterrizar. Con un paracaídas grande se aminora el descenso de la carga. Pero si el paracaídas es muy grande, la caja puede andar muy lentamente a la deriva en el aire y aterrizar en otro lugar.

Una nave espacial que regresa de la Luna desciende en el océano. Se necesitan paracaídas para disminuir la velocidad de la caída.

Haz tu propio paracaídas con papel de seda. Haz un agujero en cada esquina.

Refuerza los agujeros. Con hilo, ata un camión de juguete al paracaídas. Déjalo caer desde un lugar alto. ¿Qué ocurre si haces un agujero en el centro del paracaídas? ¿Llegará con más facilidad al lugar donde quieres que llegue?

FABULOSAS MÁQUINAS VOLADORAS

¿Puede un pedazo de papel volar? Por supuesto que sí. Pero debe tener la forma adecuada para poder atravesar el aire.

▶ Comienza con un papel rectangular y ve doblándolo hasta darle la forma de un dardo como éste.

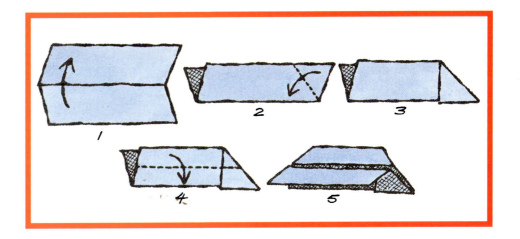

Un avión de verdad debe ser **aerodinámico**, lo mismo que un avión de papel. Pero un avión de verdad tiene **motores** que lo impulsan. Debido a la forma de las alas, el aire se mueve más rápido por encima de ellas que por debajo. El aire más lento de abajo empuja hacia arriba las alas y levanta el avión. Lo mismo sucede con las alas de los pájaros.

◀ Pega una cuerda a dos pelotas de ping-pong y cuélgalas a dos pulgadas (cinco centímetros) de distancia en el respaldo de una silla. Pide a un amigo que trate de mover ambas pelotas sin tocarlas. ¿Cómo lo harías usando el aire en movimiento?

Lo único que tienes que hacer es soplar entre las pelotas y verás que se moverán. ¡Pruébalo!

EL AIRE CALIENTE SUBE

El aire caliente es más liviano que el aire frío. Al igual que una burbuja de aire que flota hacia la superficie del agua, el aire caliente sube. En un lugar cerrado, el aire caliente se enfría cuando llega al techo y cae nuevamente.

Usa el aire que sube para hacer que una serpiente comience a girar.

▼ Dibuja esta forma en cartulina y recórtala. Con la ayuda de uno de tus padres, pega un lápiz a un radiador o calentador con un poco de plastilina. Pon la serpiente sobre la punta del lápiz.

▶ El aire caliente del radiador subirá y hará girar la serpiente. Coloréala para que se parezca más a una serpiente de verdad. También puedes hacerle una lengua en forma de horquilla.

◀ Las alas delta se parecen a un gran papalote. Como no tienen motor, necesitan una columna de aire caliente que sube (llamada manga térmica) para volar. ¿Cuándo te parece que será más fácil volar en alas delta, en un día frío o en uno caliente?

¿Has visto alguna vez a un piloto de alas delta? Debe encontrar una colina alta para poder lanzarse al aire donde las mangas térmicas lo mantendrán planeando largo tiempo. El piloto cuelga de un arnés y guía el aparato con una barra de control.

ATRAPAR AIRE PARA CALENTARSE

¿Has notado que una tetera se enfría después de un cierto tiempo? ¿Dónde crees que se va el calor? Se lo llevan las corrientes de aire que pasan. ¿Cómo harías para detener esas corrientes de aire?

▲ Si observas a alguien cocinando, es posible que veas el vapor que sube de una olla de agua muy caliente. ¿Crees que el **vapor** se lleva algo de calor con él? ¿Qué pasaría si le pones la tapa a la olla? ¿Conservará más tiempo el agua caliente?

◄ En algunos países hace mucho frío, y la gente debe mantenerse caliente y no dejar que el calor escape de sus cuerpos. Por eso usan ropas especiales que atrapan el aire cerca de la piel.

Los animales también deben mantenerse calientes. El oso polar vive en medio del hielo y la nieve. Tiene varias capas de grueso pelaje para atrapar el aire cerca de su piel.

Los patos pasan la mayor parte del tiempo en el agua fría. Sus plumas exteriores son impermeables para que el agua no moje los plumones que están cerca de su cuerpo y así no perder el aire templado. Por eso pasan mucho tiempo cuidando sus plumas.

GLOBOS DE AIRE CALIENTE

Hace unos doscientos años en Francia, los hermanos Montgolfier notaron que el humo caliente y el vapor subían. Se les ocurrió entonces que si lograban atrapar aire caliente en un globo grande, éste podría volar.

En septiembre de 1783, los hermanos hicieron un globo enorme con material liviano y con mucho cuidado prendieron una fogata debajo de él. Los primeros pasajeros del globo de aire caliente fueron una oveja, una gallina y un pato. El primer vuelo fue todo un éxito, ¡salvo que la oveja pisó la gallina!

Haz tu propio **globo de aire caliente**. Pide a un adulto que te ayude a cortar seis formas como ésta en papel de seda. Pégalas por sus lados con cuidado, pero deja la parte de abajo abierta.

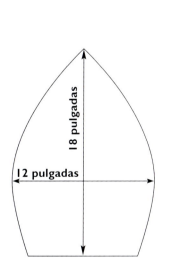

18 pulgadas

12 pulgadas

Ahora pide a un adulto que con un secador de pelo llene el globo con aire caliente y verás lo que pasa.

EL PODER DEL VIENTO

Cuando el sol brilla, calienta la tierra y el aire que está por encima. El aire caliente sube y el aire frío se precipita a tomar su lugar. Eso es el viento. Los vientos pueden ser muy variados, desde una brisa suave a un tornado poderoso.

En un día de viento, el aire mueve las hojas y las ramas de los árboles y tú lo sientes que tira de tu ropa. El viento tiene mucha **energía** y esa energía puede ser útil.

◄ Durante siglos, la gente ha usado **molinos** para bombear agua y moler grano. Esta moderna estación de energía usa cientos de molinos para transformar la energía del viento en electricidad.

Diviértete con la energía del viento corriendo carreras con tus amigos. Haz unos botes de tierra como éstos con viejos autitos de juguete, plastilina, pajillas y cartulina para las velas. Experimenta con velas de formas y tamaños diferentes. ¿Qué vela impulsa más rápido el bote?

Sopla las velas. ¿Se mueven más rápido los botes cuando soplas las velas con una pajilla? Prueba con un ventilador eléctrico. ¿Cuál funciona mejor?

APAGUEMOS LA LLAMA

El aire es una mezcla de **gases** diferentes. Uno de esos gases es el **oxígeno**. Cuando algo se quema, necesita oxígeno. Sin oxígeno suficiente, el fuego se apaga.

▼ Aquí está un truco que puede apagar la llama de una vela como por arte de magia. Necesitarás un tazón profundo, una vela corta, vinagre y bicarbonato de sodio.

Pon la vela en el centro del tazón y espolvorea aproximadamente una cucharada de bicarbonato alrededor de ella. Pide a un adulto que encienda la vela.

¿Cómo apagarías la vela sin soplar la llama? Muy simple, rocía con un poco de vinagre el bicarbonato y mira lo que ocurre.

En cuanto el vinagre toca el bicarbonato, éste hace espuma y desprende un gas que no se puede ver. El gas es más pesado que el aire y por eso, en lugar de salir flotando, lentamente comienza a llenar el tazón. Cuando el gas llega a la llama de la vela, desplaza el oxígeno y apaga el fuego.

Nunca juegues con fuego o cerillos sin tener a un adulto a tu lado.

El gas que acabas de hacer se llama **dióxido de carbono**. Estos bomberos principiantes están aprendiendo a usar la espuma del dióxido de carbono para apagar el fuego.

23

SUENA DIVERTIDO

Cuando golpeas un objeto como un tambor, su superficie tiembla, o vibra, y suelta energía hacia el aire. No podrás ver las **vibraciones**, pero viajan hasta tus oídos, donde las escuchas como **sonidos**.

▶ Haz un cono con un papel grueso. Pide a un amigo que grite desde el fondo del jardín. ¿Cómo podrás escuchar mejor, con la punta estrecha o con la ancha pegada a tu oreja? ¿Cuál de las dos recoge más ondas sonoras?

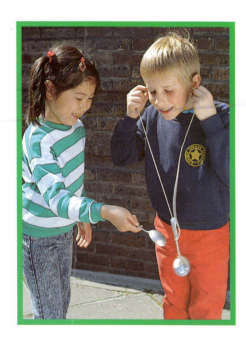

▲ Ata una cuchara al centro de un cordón y sostiene las puntas del cordón en tus orejas. Pide a un amigo que golpee la cuchara con otra. ¿Viaja el sonido por el cordón?

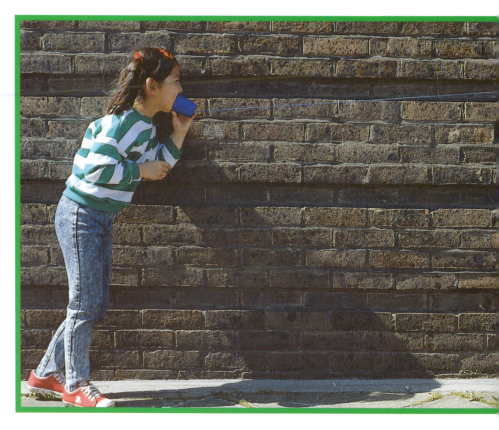

▲ Haz unos agujeros en el fondo de dos recipientes de yogur. Pasa un cordón por los agujeros y átalos para que no se salgan. Pide a un amigo que tome uno de los recipientes y se aleje hasta tensar el cordón. Pon un recipiente en tu oído y pide a tu amigo que hable en el otro. Ya tienes un teléfono portátil.

Sostén un globo lleno de agua cerca de tu oído. Pide a un amigo que ponga un reloj de los que hacen tictac del otro lado del globo. ¿Escuchas el tictac a través del agua?

Golpea un triángulo para obtener un fuerte tañido. ¿Qué pasa si tocas el triángulo cuando está todavía sonando?

¿Sabías que un **trueno** es el sonido de un **relámpago**? Puedes ver el relámpago antes de escuchar el trueno porque el sonido viaja más lentamente que la luz. Puedes calcular la distancia del relámpago contando los segundos entre el relámpago y el estruendo del trueno. Divide entre cinco y hallarás la distancia en millas, o entre tres para hallar la distancia en kilómetros.

¡MÚSICA MAESTRO!

Algunos sonidos, como los de un ruidoso avión o los del tráfico, te son muy incómodos. Otros sonidos te hacen feliz. Forma una banda con tus amigos y haz tus propios instrumentos musicales.

▼ Toma una regla de madera y mantén una punta sobre el borde de una mesa. Si la golpeas con la mano, la regla vibra y produce un sonido. ¿Cómo puedes hacer para cambiar la **nota**?

Cubre una caja con papel de estraza, de manera que quede bien ajustado. Si le pegas al papel con un palito o una regla de madera, suena como un tambor. Fabrica unos tambores grandes y otros chicos. ¿Puedes ordenarlos por sonidos agudos y graves?

Usa dos tapas de olla, una para cada mano, y tocarás los timbales.

Haz un instrumento con botellas de vidrio llenas de agua. Si golpeas suavemente en el costado de cada botella, hará un sonido agradable.

Puedes tocar diferentes notas cambiando la cantidad de agua en las botellas.

También puedes hacer un instrumento con una fila de copas con diferentes cantidades de agua. Humedece tu dedo índice y pásalo rápidamente alrededor del borde de las copas hasta que escuches un sonido vibrante. De cada copa saldrá una nota diferente.

FLAUTAS Y GUITARRAS

Éstos son otros instrumentos que puedes hacer.

► Envuelve un peine en papel de calcar; tócalo suavemente con los labios y canturrea una tonada.

▼ Para hacer una flauta de Pan, pide a un adulto que corte una vieja manguera en trozos de diferentes largos. Pégalos juntos sobre un pedazo de cartón en orden de tamaño. Cierra el fondo de los tubos con cartón. Si soplas a través de la parte de arriba de cada tubo, saldrá un sonido como el de un silbido. ¿Qué tubo produce el sonido más agudo?

▼ Para hacer tu propia guitarra necesitarás una caja alargada. Pega un rectángulo de cartón dentro de la caja. El cartón debe ser un poquito más alto que la misma caja. Estira unas ligas de diferente espesor a lo largo de la caja. Las ligas deberán apoyarse en el cartón del centro. Puntea las ligas y al vibrar harán un sonido. ¿Cómo podrías tocar notas diferentes?

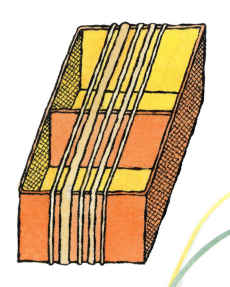

Pinta tus instrumentos
musicales de diferentes
colores. Tócalos con tus
amigos.

GLOSARIO

aerodinámico: con forma que permite viajar suavemente por aire

aire: mezcla del oxígeno y otros gases que rodean la Tierra. Los humanos y los animales respiran aire.

atmósfera: otro nombre para la capa de gas que rodea la Tierra

dióxido de carbono: gas en el aire que las plantas usan para alimentarse. La gente lo usa para apagar ciertos fuegos.

energía: fuerza para hacer un trabajo

gas: sustancia, como el oxígeno, que no tiene forma definida. Todas las sustancias son líquidas, sólidas o gaseosas.

globo de aire caliente: globo gigante que puede llevar gente por el aire. El aire caliente es más liviano que el aire frío. Cuando el aire dentro del globo se calienta, el globo se eleva.

gravedad: fuerza que atrae las cosas hacia abajo

hélice: paletas que dan vuelta para empujar un aeroplano o un vehículo

helicóptero: aeronave con paletas rotantes que le ayudan a permanecer en el aire

inhalar: llevar aire a los pulmones

molino: estructura con paletas que usa viento como energía para crear electricidad u operar una máquina

motor: aparato que usa electricidad o combustible para dar fuerza a una máquina o un vehículo

nota: un sonido musical

oxígeno: gas que los humanos y los animales deben respirar para vivir

paracaídas: gran vela que detiene a las personas u objetos en su caída de grandes alturas. Los paracaidistas usan los paracaídas cuando saltan de los aviones.

peso: fuerza de algo que empuja hacia abajo

presión: fuerza de aire que empuja todos los lados de un objeto

relámpago: golpe de electricidad creado durante ciertas tormentas

sonido: vibración que podemos escuchar

trueno: sonido producido cuando el golpe de un relámpago calienta el aire

vapor: gotitas de agua en el aire

vibración: temblor que envía ondas de energía

viento: aire que se mueve

ÍNDICE